Primera edición: mayo de 2015

ISBN: 978-84-488-4455-4
Depósito legal: B-9137-2015

Impreso en EGEDSA

BE 44554

Penguin
Random House
Grupo Editorial

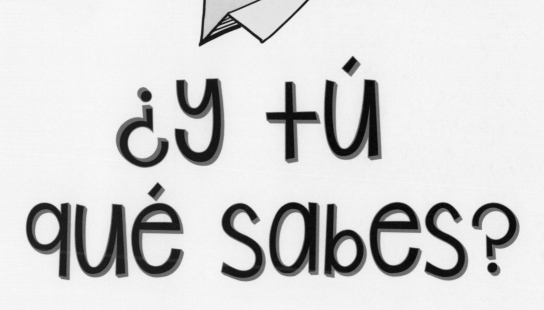

¿Y tú qué sabes?

150 cosas curiosas,
imprescindibles y divertidas
que querrás saber

Beascoa

Esto es la introducción del libro

La introducción de un libro es la parte en la que los escritores explican cómo leerlo, de qué trata y qué partes lo componen para que los lectores lo sepan antes de empezar a leer.

Lo mejor de este libro es empezarlo por el final. Allí encontrarás el índice, que es la parte con la lista de todos los temas que se tratan. Si coges el libro y te apetece leer sobre Inventores locos o sobre El chef más chof, solo tienes que buscar la página en la que aparecen.

Si te gusta lo inesperado, también puedes empezar por la mitad del libro. Abres por una página al azar y te dejas sorprender por los Amigos con colmillos o por las Estrellas de la caja tonta. ¡Te encantarán!

Pero si eres una persona ordenada y prefieres empezar por el principio, ¡también es genial! ¡¡¡Comienza la aventura!!! e Imprescindibles para viajar están en las primeras páginas, para ti, que sabes ir pasito a pasito.

En este libro encontrarás 150 curiosidades, anécdotas, chistes, recetas y preguntas sin respuesta para que sepas todo lo que los niños y niñas quieren saber. Hay cosas sorprendentes, otras desternillantes y algunas que te harán parecer superlisto (¡y lo serás!).

Pero, ¡cuidado!, también encontrarás algunas trampas... Sabrás cuáles son porque están un poco del revés. No son mentira ni mucho menos, aunque dan un poco de risa y suenan menos de verdad.

Cada capítulo trata sobre un tema distinto. Aprenderás cosas sobre la tele, los árboles, la comida, los vampiros, el espacio, los idiomas, los dientes, los animales, las fiestas... ¡y mucho más!

Diviértete aprendiendo y, a partir de ahora, cuando tu mejor amigo, tus padres o la vecina te pregunten «¿y tú qué sabes?», ya sabrás qué responderles: ¡mi libro favorito!

Cuando firmas una carta o una postal, las «x» representan los besos y las «o» representan los abrazos.

¡¡¡Comienza la aventura!!!

cómo hacerte la maleta

Prepara primero todo lo que vas a llevarte y después métrelo bien doblado en la maleta o la mochila. ¡Así te cabrán más cosas!

Es importante que lleves ropa, porque una aventurera sin camisetas o un aventurero sin canzoncillos son un poco ridículos...

Te van a venir muy bien calzado cómodo por si hay que caminar, una gorra para el sol y una chaqueta con muchos bolsillos para guardar todos los tesoros que vayas encontrando.

Acuérdate de coger tus posesiones favoritas: este libro, la cámara de fotos, un cuaderno y lápices para dibujar, o tu osito.

Y no te olvides el material de aventura: una lupa para descubrir cosas pequeñas, una brújula para saber siempre dónde estás, clips de sujetar papeles por si se te cae un botón o hay que abrir una puerta y, sobre todo, ¡muchas ganas de pasarlo bien!

¿Qué es una brújula? **2**

El objeto que usaban los viajeros para no perderse cuando todavía no existían los GPS o los teléfonos móviles con mapas. Las brújulas tienen una aguja que apunta siempre al norte.

3 ¿Por qué los viajeros prefieren el buen tiempo?

Antes de que se inventara la brújula, los viajeros seguían las estrellas del cielo para encontrar el camino. Y si había lluvia o nubes, no sabían qué ruta tomar. Ah, y de día iban todos más perdidos que un pulpo en un garaje.

4 ¿Qué son los puntos cardinales?

Las cuatro direcciones que se usan para orientar un mapa. Son: norte, sur, este y oeste.

Imprescindibles para viajar

5

costumbres raras

En Japón jamás dejan propina al pagar, ¡es de muy mala educación!

En los países árabes es de muy buena educación eructar en la mesa. Quiere decir que han comido bien.

En Bulgaria, para decir sí, mueven la cabeza de izquierda a derecha y para decir no, de arriba abajo. ¡Al revés que nosotros!

¿cuántos idiomas hay en el mundo?

6

Unos siete mil, aunque algunos solo los hablan unas pocas personas. Por ejemplo, el taushiro en Perú o el kaixana en Brasil, que son idiomas de tribus hablados por... ¡una sola persona!

7

¿Cuál es la lengua que más gente habla en el mundo?

El chino, con más de mil millones de hablantes. En segundo lugar están empatados el inglés y el español.

Para saludar

Aprende a decir «hola» en los idiomas que más gente habla en el mundo.

Chino
你好
Ni hao

Inglés
Hello

Árabe
السلام عليكم
As-salām 'alaykum

Español
Hola

Bengalí
আসসালামু আলাইকুম
Assalamualaikum

Hindi
नमस्ते
Namastē

Alemán
Hallo

Portugués
Olá

Francés
Bonjour

Ruso
Здравствуйте
Zdravstvuyte

Japonés
こんにちは
Kon'nichiwa

Los mejores compañeros

¡A celebrar!

El 30 de julio es el día mundial de la amistad. ¡Acuérdate de felicitar a tus amigos!

¿Qué quiere decir bff?

10

En inglés, quiere decir *best friends forever* o «mejores amigos para siempre». Manda una nota a tu mejor amigo o amiga para decirle que es tu BFF, ¡verás cuánta ilusión le hace!

BFF

EL PERRO ES EL MEJOR AMIGO DEL HOMBRE

11

Esto se dice porque los perros son animales muy fieles. Si tienes un cachorro y lo tratas con cariño, estará a tu lado siempre. Incluso hay perros que cuando su amo se hace muy mayor y muere, van a visitarlo al cementerio.

12

¿QUÉ SON LOS PERROS LAZARILLO?

Son los perros guía que acompañan a las personas ciegas, es decir, a las personas que no pueden ver. Estos perros han sido adiestrados para ayudarlas a caminar por la calle o a hacer las tareas del hogar. Sin embargo, como los perros ven muy pocos colores, no pueden fiarse de los semáforos para cruzar.

13

¿Cuántos planetas hay?

Ocho: Mercurio, Venus, la Tierra, Marte, Júpiter, Saturno, Urano y Neptuno. Si preguntas a tus padres, te dirán que hay nueve, porque antes se contaba Plutón... Pero hace unos años lo quitaron de planeta porque era demasiado pequeño. ¡Pobre Plutón! Ahora es un planeta enano.

Saturno es un planeta con anillos

¿Qué hay en la cara oculta de la Luna?

Los selenitas, o habitantes de la Luna. Son personajes muy discretos y no les gustan nada las visitas... Pidieron a los astronautas que no volvieran nunca y por eso ningún humano ha estado allí después de 1975.

14

15 ¿Cómo hacen pipí los astronautas?

Las naves espaciales tienen unos váteres especiales para que ni el astronauta ni el pipí salgan volando. Tienen incluso un cinturón para poder sentarse y hacer caca. ¿Y cuando están fuera de la nave? Pues llevan un pañal gigante... ¡Puaj!

16 ¿Los astronautas usan cuchillo y tenedor?

Sí, pero como en las naves espaciales no hay gravedad, los tienen que pegar con velcro o imanes a la bandeja de la comida para que no salgan volando. Lo que no usan es cuchara, porque la sopa la toman con una pajita. Si la pusieran en un plato, flotaría y mojaría los controles de la nave.

Te vas a quedar helado

17 ¿Qué hay en el Polo Norte?

El Polo Norte está en una gran isla de hielo flotante llamada Ártico. Y, como hace tanto frío, allí solo están las banderas de los aventureros que han logrado conquistarlo y la casa de Papá Noel.

OSO POLAR.

18 ¿Quiénes son los esquimales?

Son los habitantes del Ártico, también conocidos como inuit. Van siempre muy muy abrigados y viven en unas casas de hielo llamadas iglús.

¿Sabías que para darse besos se frotan las narices en lugar de los labios? Así no les hace falta bajarse la bufanda.

¿Sabías que...?

19

Los pingüinos emperador no hacen nido

Los pingüinos emperador viven en la Antártida, el continente más frío de la Tierra. Ponen un solo huevo cada invierno, pero no lo dejan en ningún nido porque se congelaría. El macho lo guarda todo el tiempo entre sus piernas mientras la hembra va en busca de comida. Las parejas tienen que tener mucho cuidado cuando se pasan el huevo porque si se cayera al suelo se congelaría en muy pocos segundos y ya no podría salir ningún pollito.

20

Cómo hacer un helado rápido de yogur

1. Coge un yogur y, sin quitarle la tapa, clávale una cucharilla.

2. Mete el yogur en el congelador por lo menos una hora.

3. Pon el yogur unos segundos bajo el grifo para que sea más fácil sacarlo del vasito.

4. ¡Listo para comer!

Tesoros de alta mar

21 ¿De dónde salen las perlas?

De las ostras. A veces un granito de arena se mete dentro de la concha de una ostra y el animal lo va recubriendo con nácar (el nácar es lo brillante de dentro de las ostras). Para que el granito de arena se convierta en una perla tienen que pasar por lo menos diez años, y si un pescador encuentra una, ¡se hace rico!

¿Sabías que...?

22 Bajo el mar hay montañas

Se llaman montes submarinos porque los picos no sobresalen del nivel del mar.

Un tesoro de verdad

En 2007, unos cazatesoros norteamericanos encontraron en el Mediterráneo un barco español que llevaba más de doscientos años hundido, el Nuestra Señora de las Mercedes. Dentro, había más de diecisiete mil quilos de oro y plata, ¡un auténtico tesoro!

24

Chiste marino

- ¿Qué le dice un pez a otro pez?

- Nada, nada, nada.

Según la leyenda, las sirenas son mitad humano y mitad pez, y viven en el mar.

Con su dulce voz engañan a los marineros para que se queden con ellas en lugar de regresar a casa.

Faraón
rima con melón

¿Quién fue Tutankamón?

Un faraón egipcio que se hizo famoso cuando los arqueólogos encontraron los tesoros escondidos en su tumba. Además, se dice que es un faraón maldito porque muchos de los exploradores que descubrieron su tumba murieron de forma muy misteriosa...

¿Sabías que hay momias españolas?

Están en Tenerife y pertenecen a los guanches, los antiguos habitantes de las Islas Canarias.

26 Pirámides del mundo

Las pirámides de Egipto son las más famosas del mundo, pero las hay en muchos otros países: México, Nigeria, Perú, la India, China, etc. ¡Incluso en Estados Unidos!, aunque estas son de cristal y acero y se usan como hoteles de lujo. En cambio, las pirámides antiguas eran casi siempre tumbas o templos.

¿Sabías que...?

Los faraones comían melón 27

Hace cinco mil años, los faraones y el resto de habitantes del antiguo Egipto ya comían esta dulce fruta de verano. ¡Y hoy en día la comemos en todo el mundo!

con Los cinco sentidos

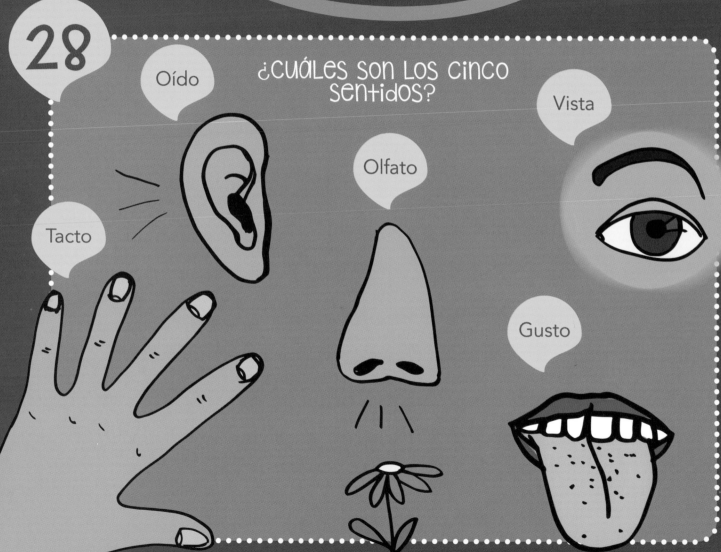

PONER LOS CINCO SENTIDOS

29

Poner toda la atención en lo que estás haciendo, para que no se te escape ningún detalle ni te equivoques.

El superhéroe Spiderman tiene el sentido arácnido. Es decir, puede sentir y moverse como si fuera una araña.

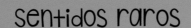

30

SENTIDOS RAROS

Hay algunos animales que tienen sentidos que los humanos no tenemos. Por ejemplo, muchos peces pueden ver la electricidad, algunos pájaros, tortugas e insectos pueden ver el magnetismo (lo que pega y aparta los imanes), y los murciélagos pueden orientarse por el eco de sus chillidos sobre los objetos.

para estar siempre en las nubes

¿cuál es el pájaro más grande del mundo?

31

El avestruz, pero no mires al cielo porque no verás ninguno: los avestruces no vuelan.

El Flyer

¿cuál fue el primer avión en surcar el cielo?

32

El Flyer, un avión que construyeron los norteamericanos Wilbur y Orville Wright en 1903. Para que volara tenían que lanzarlo con una especie de catapulta gigante... Los hermanos Wright eran fabricantes de bicicletas.

Estar en las nubes

33

Estar despistado o distraído con tus pensamientos.

El avión de papel más grande del mundo lo construyeron en una universidad de Alemania.

¡Medía más 18 metros y pesaba casi 23 kilos! Y voló 18 metros antes de estrellarse...

34

¿Por qué los aviones no chocan en el aire?

Porque siempre hay personas vigilándolos desde tierra: los controladores aéreos. Cuando dos aviones están demasiado cerca, los controladores los hacen cambiar de ruta, de velocidad o de altura para que no choquen.

3, 2, I...
¡ACCIÓN!

35

¿cuál fue la primera película de la historia?

La primera película que se proyectó era solo imágenes en movimiento: unos obreros saliendo de la fábrica, unos hombres derribando un muro, la llegada de un tren a la estación y la partida de un barco del puerto. La película la grabaron en 1895 los hermanos Lumière, en Francia.

¿Sabías que...?

36

Las películas se coloreaban a mano

Las primeras películas a color se grababan en blanco y negro y luego se coloreaban a mano imagen por imagen. Por eso las pelis muy antiguas tienen colores tan chillones.

37

¿Qué son los Oscar?

Unos premios que da todos los años la Academia del Cine norteamericana: a la mejor película, a la mejor actriz, al mejor director, etc. La ceremonia de los premios tiene todo el glamour de Hollywood y de las grandes estrellas del cine mundial. La persona que más Oscar ha ganado fue Walt Disney, el creador de Mickey Mouse y del gran imperio de dibujos animados. Veintidós Oscar tenía en su casa.

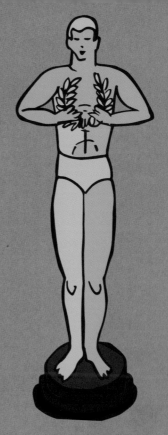

38

¿Quién inventó el primer personaje de dibujos animados?

Un señor estadounidense llamado Winsor McCay. En 1914 (¡hace más de cien años!) inventó un dinosaurio llamado Gertie para una película corta. En aquella época el cine era en blanco y negro y mudo, es decir, sin nada de sonido.

¡¡¡Cuidado con los gases!!!

39 Gigantes gaseosos

Los gigantes gaseosos no son señores altos que se tiran muchos pedos; son planetas muy grandes que están hechos principalmente de gases. Los más cercanos a nosotros son Júpiter, Saturno, Urano y Neptuno. Fuera del sistema solar, la mayoría de planetas son gigantes gaseosos.

40 Un gas *dos-vertido*

El helio es un gas dos veces divertido: lo encontrarás dentro de los globos que flotan en el aire y, además, si te lo tragas, te va a salir una voz de pito muy graciosa.

28

¿Qué son los pedos?

Son gases apestosos, pero muy necesarios, porque se crean en los intestinos cuando hacemos la digestión y salen por el culo. Una persona sana se tira entre 10 y 15 pedos al día. Flatulencia, meteorismo y aerofagia son formas elegantes de decir pedo.

¿Qué es un eructo?

42

Una burbuja de aire que tragamos al comer y que se queda en el estómago hasta que la echamos por la boca.

A los bebés hay que ayudarles a expulsar los eructos porque, como todavía están aprendiendo a tragar, siempre toman mucho aire al comer y les molesta la barriguita.

El oxígeno es el gas más importante para la vida humana: está en el aire que respiramos y también en el agua.

¡No tiene ni color ni sabor ni olor!

SOS

¿Qué es el código morse?

Es una forma de representar letras y números con el telégrafo, el aparato que usaba la gente para comunicarse antes de que hubiese teléfono o internet. Se podía mandar solo dos señales: una corta y otra larga. El código morse traduce cada letra del alfabeto a puntos (señal corta) y rayas (señal larga). ¡Es como un idioma secreto!

¿Qué quiere decir...?

44

SOS

En realidad, SOS no quiere decir nada en especial, pero se usa para pedir socorro en morse. Se escogieron estas letras porque son muy fáciles de recordar: tres señales cortas, tres señales largas y tres señales cortas (··· --- ···). Así, quien pide socorro, aunque sepa muy poco de morse, ¡seguro que puede marcar SOS!

mensajes secretos

¿Te atreves a mandar mensajes secretos a tus amigos? ¡Usa el código morse! Puedes hacerlo escribiendo puntos y rayas, o encendiendo y apagando tu linterna. Aquí tienes una chuleta y un primer mensaje para empezar.

··· · -· ·· ·-· · ·- ·-·· ·-

-- --- ·-· ··· · -- ·· --· ·-· ··· ·- ·-·

a	·-	j	·---	r	·-·
b	-···	k	-·-	s	···
c	-·-·	L	·-··	t	-
d	-··	m	--	u	··-
e	·	n	-·	v	···-
f	··-·	ñ	--·--	w	·--
g	--·	o	---	x	-··-
h	····	p	·--·	y	-·--
i	··	q	--·-	z	--··

Animales a los que no debes besar

¿Qué quiere decir...?

Echar sapos y culebras

Significa decir palabrotas o insultos. ¿Te has fijado alguna vez que en los cómics los personajes a veces echan animales o rayos por la boca?

¿Qué es un batracio?

Un batracio es una rana o un sapo; también llamados anuros. Aunque se parecen, ranas y sapos no son lo mismo. Las ranas viven más en el agua, tienen la piel lisa y brillante, y las patas largas para saltar. En cambio, los sapos prefieren la tierra firme, tienen la piel rugosa y las patitas cortas, para caminar.

Si encuentras uno y dudas de si es rana o sapo, ya sabes, ¡llámalo batracio!

¡No beses a estas ranas!

Muchos batracios sueltan una especie de veneno por la piel. Así que ve con cuidado si los tocas porque puede salirte un sarpullido. Y si los tocas con los labios, se te pondrán como los de las señoras besuconas.

Pero si alguna vez viajas a Panamá o a Colombia, puedes encontrar la rana más venenosa del mundo, la rana dardo dorada. Con solo un gramo de su veneno se podría matar a quince mil personas. Las tribus indígenas lo usaban para envenenar los dardos que utilizaban para cazar.

49

¿Qué sucede si besas un sapo?

Se convierte en príncipe o princesa. Pero, ¡cuidado!, vale más un buen sapo que un mal príncipe. Así que piénsalo dos veces antes de besar un batracio.

DE la A a la Z

50

¿QUé es el alfabeto?

El alfabeto es el conjunto ordenado de las letras de un idioma. También se puede llamar abecedario. En español, el alfabeto tiene 27 letras (si no te las sabes, están en la página 31).

La palabra alfabeto viene de las primeras letras en griego: alfa (α) y beta (β). La palabra abecedario, en cambio, viene de las primeras letras en español: a (a), be (b), ce (c), de (d).

51

¿Qué palabras son iguales en todos los idiomas?

Son las primeras palabras que aprenden a decir los bebés: «mamá» y «papá». Y son casi iguales en todos los idiomas del mundo.

¿Qué es un analfabeto?

Es una persona que no sabe leer ni escribir.

52

53

¿Cuál es la palabra más larga del mundo?

La palabra más larga del mundo tiene 182 letras y es del griego antiguo. Un escritor llamado Aristófanes la inventó en broma, para dar nombre a una comida imaginaria. ¿Te atreves a pronunciarla?

lopadotemachoselachogaleokranioleipsanodrimhypotrimmatosilphiopa-raomelitokatakechymenokichlepikossyphophattoperisteralektryonopte-kephalliokigklopeleiolagoiosiraiobaphetraganopterygon

La palabra más larga en español tiene solo 23 letras...

electroencefalografista

EL Chef más Chof

¿Por qué los cocineros llevan gorro?

Para que no se les caigan los pelos en la comida. De hecho, los cocineros y cocineras profesionales no pueden llevar barba ni pendientes ni el pelo suelto.

54

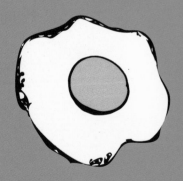

55

Chiste sabroso

- ¿Sabes por qué Juanito nunca entra en la cocina? -
- Porque hay un bote en el que pone «sal».

¿Todo el mundo come pan?

56

No, aunque todo el mundo come cereales. Por ejemplo, nosotros todos los días comemos pan, que se hace a partir de un cereal llamado trigo. Los italianos en lugar de pan comen pasta, que también está hecha de trigo. Y hay otras culturas que comen otros cereales, como las tortas de maíz en México o el arroz en China, Japón o la India.

57

¿Qué es la comida basura?

Es comida que da mucha energía, pero con muy poco alimento. El problema de la comida basura es que cuando la comemos nos llenamos y ya no nos queda hambre para la comida saludable, que es la que aporta energía y también el alimento para nuestro cuerpo.

Comida basura son los refrescos, las patatas fritas o las chuches. Y comida saludable es la fruta, el pan o las lentejas.

por si te entra frío

58

¿cuánto quema la llama de una vela?

La llama de una vela de cumpleaños, por ejemplo, quema a unos mil grados centígrados. Piensa que la mayoría de hornos solo llegan a los 240 grados y que en verano, los días de más calor, estamos solo a 35 grados. ¿Cuánto calor habrá en tu próximo cumpleaños?

59 ## ¿por qué arden las cerillas?

Porque tienen fósforo, que es un material que arde solo con frotarlo contra algo rugoso.

Hay fuego de colores

60

Claro que sí lo sabías, ¿o no has visto nunca fuegos artificiales? Según que material se queme, el fuego es de un color u otro. La leña, por ejemplo, hace fuego rojo y naranja. En cambio, el gas de los mecheros o de las cocinas de butano hace fuego azul y violeta. Y si ves arder un cable de teléfono, que está hecho de cobre, verás fuego de color verde y azul.

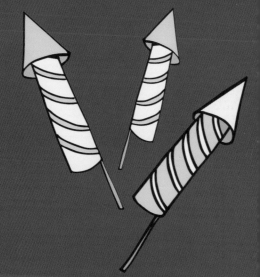

¿Por qué solo puede haber fuego en el planeta Tierra?

61

Porque es el único planeta en el que el aire tiene oxígeno. Y sin oxígeno, no hay fuego. Por eso a veces verás en la tele que se apagan fuegos tapándolos con mantas, para quitarles todo el oxígeno de alrededor.

Amigos con COLMILLOS

¿QUIÉN FUE EL CONDE DRÁCULA?

62

El Conde Drácula es un personaje de novelas y películas inspirado en el príncipe Vlad III de Rumanía. Vivió hace más de quinientos años y, según la leyenda, fue un guerrero feroz que se bebía la sangre de sus enemigos. Por eso se piensa que era un vampiro.

63

VAMPIROS DE VERDAD

Hay un tipo de murciélagos americanos llamados vampiros que se alimentan solo de la sangre de otros animales (¡humanos incluidos!). Con sus colmillos agujerean la piel y luego chupan la sangre con la lengua... ¡Puaj!

Test vampiro

65

¿Dudas de si tu profe nueva es una vampiresa? ¿Crees que tu vecino puede ser un vampiro? Haz este test y descúbrelo.

Tiene la piel muy clara — **sí** / no

Tiene muy buen oído — **sí** / no

Lleva ropa elegante y oscura — **sí** / no

Parece joven para su edad — **sí** / no

Usa siempre gafas de sol — **sí** / no

sí : ¡Vampiro total! ¡¡¡Huye!!!
no : Tranqui, tu sangre está a salvo.

64

Cómo protegerse de los vampiros

La forma más práctica y barata de alejar de ti a los vampiros son los ajos: ¡no pueden aguantar su olor! Así que si quieres que nadie te chupe la sangre, lo mejor es llevar un par de ajos siempre en el bolsillo. ¡Pero cuidado no te pases! Si hueles demasiado, no se te acercarán ni las personas normales...

Estrellas de la caja tonta

66

¿Sabías que...?

En el Reino Unido hay que pagar por tener tele en casa

Allí las familias que quieren ver la televisión tienen que pagar todos los años o les quitan la conexión. El gobierno usa ese dinero para hacer programas nuevos, como reportajes de ciencia o los dibujos de Peppa Pig, por ejemplo.

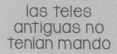

las teles antiguas no tenían mando

67

¿Qué es lo primero que se vio en la tele?

El dibujo de una cruz de ocho puntas o cruz de Malta. El inventor de la tele, John Logie Baird, fue lo primero que logró retransmitir en 1924.

¿Para qué sirven los anuncios de la tele?

Para que las cadenas de tele ganen dinero. Las marcas que ponen los anuncios de juguetes, coches o colonias (o lo que sea) pagan a las cadenas por emitir los anuncios. Y las cadenas usan ese dinero para pagar a sus trabajadores, por ejemplo.

69

Dibujos superviejos

Hay dibujos de la tele que tienen muchísimos años. ¿Sabías que el primer capítulo de *Doraemon* se estrenó en 1979? Y *Los Simpson* son de 1989, ¡hace más de 25 años! ¿Has preguntado a tus padres si ya los veían?

¡Bienvenidos a la fiesta!

70

Tarta superrica y superfácil de cumpleaños

1. Echa leche en un plato hondo, moja un poco las galletas y ve poniéndolas en el fondo de un molde para tartas.

2. Haz una capa de galletas y otra de crema de chocolate. ¡Haz muchas capas!

3. Cubre toda la tarta con una capa de crema de chocolate.

4. Decórala con los caramelos de chocolate de colores para que quede bien espectacular.

Leche
Galletas
Crema de chocolate
Caramelos de chocolate de colores

La persona con más fiestas de cumpleaños de la historia

¡Una señora francesa llamada Jeanne Calment celebró nada más y nada menos que 122 cumpleaños! ¿Imaginas cómo sería la tarta para poner tantas velas?

Un cumple cada cuatro años

El día 29 de febrero solo existe en los años bisiestos; es decir, cada cuatro años. ¿Qué sucede con las personas que han nacido en un 29 de febrero? ¿Solo cumplen cada cuatro años? En realidad, en los años sin día 29 cumplen oficialmente a la medianoche del día 28. ¡Se hacen viejos igual que todo el mundo!

Inventores Locos

Un invento muy pegadizo

73

Los pósit son esas pequeñas hojas de papel amarillas que se pegan por una de las puntas. ¿Sabías que su inventor quería hacer un pegamento superpotente? No lo consiguió... ¡pero a cambio inventó los papelitos para notas más populares de la historia! *Post-it*, en inglés, quiere decir «pégalo».

¿Quién inventó las bocas de incendio?

La verdad es que no se sabe, porque los documentos donde lo decía se quemaron en un incendio.

74

¿Sabías que...?

La coca-cola es un jarabe

Hoy en día la Coca-Cola es una bebida muy popular, pero cuando el farmacéutico John Pemberton la inventó, era una medicina para el dolor de cabeza y el mareo.

75

76

¿Quién inventó el wifi?

Nikola Tesla, un científico, ingeniero e inventor del siglo pasado. Uno de sus inventos fue la transmisión de energía sin cables (como el WIFI o la radio). Sin embargo, la gente de su época no se lo tomaba en serio y pensaban que era un científico chiflado...

77

¿Quién inventó la bombilla?

Pues en realidad más de veinte personas inventaron la bombilla en el siglo XIX... Pero la de Thomas Edison fue la más popular y la que todo el mundo usó durante más de cien años. Sin embargo, hoy en día la bombilla de Edison ya casi no se usa porque es muy poco eficiente.

¡AL abordaje!

78

¿Quiénes eran los vikingos?

Los vikingos eran los antiguos habitantes de Escandinavia, la zona más al norte de Europa. Eran grandes navegantes y guerreros, y ya en la Edad Media llegaron a costas de toda Europa, el norte de África e incluso América.

En los barcos, el lado izquierdo se llama babor, y el derecho, estribor.

La parte de delante es la proa, y la de atrás, la popa.

¿cuál es el barco más grande de la historia?

79

Un superpetrolero llamado Knock Nevis, que medía 458 metros de largo y 69 de ancho. ¡Era más grande que la mayoría de rascacielos del mundo! Se usaba para transportar petróleo de Oriente Medio a Estados Unidos, pero dejó de funcionar hace años.

80

¿qué es un pirata informático?

Es una persona que sabe mucho de ordenadores y navega y roba por internet. En lugar de un loro, su mascota es un ratón.

La Tierra es un huevo

81

¿Quién fue Cristóbal Colón?

Fue el primer navegante europeo que llegó a América hace más de quinientos años (nadie recordaba que los vikingos ya habían estado allí). Se suele decir que Cristóbal Colón descubrió América... ¡pero los americanos ya vivían allí desde mucho antes!

82

¿Qué quiere decir...?

OVNI

Objeto Volador No Identificado, como los platillos volantes en los que viajan los extraterrestres (que son todas las criaturas que no vienen de la Tierra).

50

83

Antes la Tierra era plana como una tortilla

Antes de que Cristóbal Colón llegara a América, mucha gente pensaba que la Tierra era plana... Imaginaban que en el borde había una gran catarata que caía hacia el espacio. Pero Cristóbal Colón y muchos otros navegantes demostraron que es más como un huevo duro que como una tortilla.

84

¿Qué es Finisterre?

Finisterre o Finisterra es una comarca y un pueblo de Galicia. Se encuentra en el extremo noroeste de la península Ibérica y antiguamente se pensaba que allí se acababa el mundo y que más allá solo había agua. Finisterra quiere decir «el fin de la Tierra».

¿cómo funciona mi cuerpo?

85

¿De qué están hechas las uñas?

De queratina, igual que el pelo o los cuernos y las pezuñas de los animales.

86

¿Por qué tengo tos?

La tos es la forma que tiene tu cuerpo de despejar la garganta. Te entra tos si tienes mocos en el cuello o cuando comes sin masticar y un trozo grande de comida se te atraganta.

¿QUÉ SON LOS MOCOS?

Son la barrera de la nariz para evitar que entren bichos, enfermedades y otras cosas molestas que llegan con el aire que va a los pulmones. ¡Los mocos te salvan la vida todos los días!

¿POR QUÉ LLORAN LOS BEBÉS?

88

Porque no saben hablar y es su única forma de que los demás los entiendan. Lo difícil es saber si lloran por hambre, por sueño, porque llevan el pañal sucio, porque tienen frío o calor, porque les duele la barriguita o porque se aburren.

53

Deporte se escribe con «d» de diversión

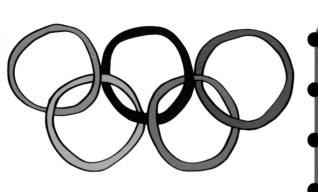

89

Tres en uno

El triatlón es un deporte tres en uno porque es una sola carrera en la que hay tres partes: una hay que hacerla corriendo, otra nadando y otra en bicicleta.

90

¿Qué son los juegos olímpicos?

Una competición de treinta y cinco deportes distintos en la que participan cada cuatro años casi todos los países del mundo.

Se llaman así porque, durante más de mil años, los antiguos griegos organizaban unos juegos deportivos parecidos en la ciudad de Olimpia. Según una leyenda, los primeros deportistas fueron unos enanitos que hicieron una carrera para entretener al dios Zeus, que era un bebé.

oro, plata y bronce

91

En las competiciones deportivas, el ganador recibe una medalla de oro, el segundo, una de plata y el tercero, una de bronce. Sin embargo, las medallas no son ni de oro ni de plata ni de bronce... Para ahorrar dinero, la de oro la hacen de plata, la de plata la hacen de bronce y la de bronce, de cobre.

¿Sabías que...?

92

El fútbol viene de Inglaterra

¡Allí ya lo jugaban en la Edad Media! Y hoy es el deporte más popular del mundo. *Football*, en inglés, quiere decir «pie» (*foot*) y «balón» (*ball*).

Abracadabra

Pócima mágica
superfácil y superrica

1. Mezcla el zumo, la gaseosa y la granadina.

2. Tritura los frutos rojos y añádelos a la mezcla con el hielo picado.

3. Pon la pócima en vasitos. ¡Decóralos con gusanos de gominola para que queden más escalofriantes!

1 litro de zumo de frutos rojos
medio litro de gaseosa
250 gramos de frutos rojos
2 cucharadas de granadina
Hielo picado

chiste encantado

—¿Por qué las brujas vuelan en escobas?

—Porque los aspiradores solo llegan hasta donde alcanza el cable del enchufe.

Animales embrujados

Descubre cuáles son las mascotas de las brujas y los brujos y qué cualidades tienen:

canario	Da armonía, felicidad y buena suerte.
Gato	Da salud y protege la casa.
Búho	Da sabiduría.
Perro	Da amor y avisa si hay fantasmas.
Murciélago	Da dinero, felicidad y larga vida.
serpiente	Da salud y buena suerte.
Grillo	Da alegría y avisa si hay ladrones.
sapo	Da inteligencia y protege la casa, aunque hay que dejarlo fuera.

ponte al volante

96

¿Quién es Fittipaldi?

Emerson Fittipaldi es un campeón de Fórmula 1 brasileño que se hizo muy popular en España porque anunciaba el Cola Cao en la tele en la década de 1970. Si te dicen que «eres un Fitipaldi» te están diciendo que eres muy rápido.

¿Sabías que...?

97

En algunos países los niños pueden conducir

En casi todo el mundo hay que tener dieciocho años para poder conducir un coche. Pero hay países donde se puede empezar antes... ¡En algunas zonas de Estados Unidos y de Canadá, con catorce años ya puedes ponerte al volante!

58

98 ¿Quién inventó los semáforos?

Un inglés llamado John Peake Knight, en 1868. Su semáforo usaba carteles como los de las señales de los trenes, pero tenía lámparas de gas de colores rojo y verde para que los conductores lo vieran de noche. Ah, y tenía que haber un policía haciéndolo funcionar todo el rato porque no era automático.

En los semáforos de Berlín las figuras llevan sombrero

¿Sabías que...?

99 Hay países en los que se conduce al revés

En realidad lo que sucede es que en lugar de conducir por la derecha, como nosotros, conducen por la izquierda. Son el Reino Unido y los países que usan coches fabricados allí, como por ejemplo la India, Australia, Japón o Sudáfrica. Sus coches tienen el volante en el lado derecho, al revés que los nuestros.

Bichitos y Bichejos

100

¿Cómo funcionan las luciérnagas?

Las luciérnagas hembras tienen unos órganos especiales con una sustancia que brilla en la oscuridad. La luz la usan para atraer a los machos, es decir, ¡para ligar! Y pueden encenderla y apagarla a su antojo.

101

¿Cuál es el animal más fuerte del mundo?

Ni el elefante, ni la ballena, ni el toro... El animal más fuerte del mundo es el escarabajo rinoceronte, que puede levantar treinta veces su peso. ¿Imaginas cuánto peso podrías levantar tú si fueras uno?

102 ¿Por qué pican las picaduras de los mosquitos?

Por culpa de las defensas de nuestro cuerpo. Los mosquitos agujerean nuestra piel para poder chupar un poco de sangre. Cuando el cuerpo se da cuenta, manda la histamina para combatir la saliva del mosquito, que impide que la pequeña herida se cure enseguida. Y la histamina es la sustancia que hace que nos salga el granito y que pique. Es bastante molesto, pero evita que se infecte.

103 ¿Para qué sirven las abejas?

Para que haya semillas y frutos. ¿Qué tienen que ver unos insectos con las plantas? ¡Pues mucho! Las abejas transportan el polen de unas flores a otras y, gracias a eso, las flores se pueden convertir en semillas y frutos. Esa función de las abejas también la pueden hacer los pájaros o el viento; pero las abejas, además, con lo que recogen de las flores hacen miel, ¡que está riquísima y va muy bien para combatir los resfriados!

104

Relojes de muchas formas y tamaños

de arena

de SOL

de bolsillo

de pulsera

digital

¿De dónde vienen los días de la semana?

Lunes: *Luna dies* quiere decir «día de la Luna» en latín, la lengua de los antiguos romanos.

Martes *Martis dies* quiere decir «día de Marte» en latín.

Miércoles *Mercurii dies* quiere decir «día de Mercurio» en latín.

Jueves *Iovis dies* quiere decir «día de Júpiter» en latín.

Viernes *Veneris dies* quiere decir «día de Venus» en latín.

Sábado *Sabbat* quiere decir «descanso» en hebreo, y el sábado es el día que los judíos no trabajan.

Domingo *Domine* quiere decir «señor» en latín, y el domingo es el día del señor para los cristianos.

Lo mejor para no llegar nunca tarde

Sal antes de tiempo y ve siempre corriendo y sin entretenerte. O adelanta diez minutos todos tus relojes.

va de dentaduras

¿cuántos dientes tenemos los humanos?

Los humanos tenemos 52 dientes. ¿Tú no tienes tantos? Eso es porque no nos salen todos a la vez... Tenemos 20 dientes de leche que se caen cuando los empujan los dientes permanentes, que son 32. Cada diente tiene su función.

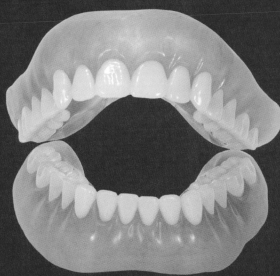

INCISIVOS
Son las paletas, y sirven para cortar la comida. Hay 4 arriba y 4 abajo.

PREMOLARES Y MOLARES
Son las muelas, y sirven para triturar la comida. Hay 8 arriba y 8 abajo.

CANINOS
Son los colmillos, y sirven para desgarrar la comida. Hay 4 arriba y 4 abajo.

¡Hay gente que se quita los dientes para dormir!

Son personas mayores que usan dentaduras postizas porque se les cayeron sus dientes.

108 ¿qué es una caries?

Es una enfermedad de los dientes que hace que se deshagan, se rompan o incluso se mueran si no los curamos a tiempo. La culpable de las caries es la placa bacteriana, que está formada por restos de comida y bebida que quedan en la boca si no nos lavamos bien los dientes. Así que, ya sabes: ¡no te escaquees del cepillo si no quieres quedarte con la boca como un bebé!

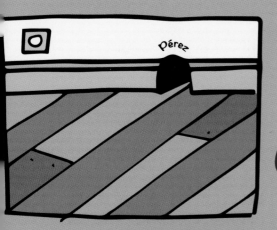

104 ¿cuál es el animal que tiene más dientes?

¿El cocodrilo? ¿La piraña? ¿El leopardo? No, el animal que más dientes tiene es... ¡el ratoncito Pérez!

Miau, guau, cuac, muuu

110

¿Qué es una onomatopeya?

Es poner un sonido en palabras, como en los cómics. Por ejemplo, tic-tac es un reloj; ¡muac! es un beso; ¡bum! es una explosión; ¡riiiing! es un timbre, y ¡muuu! es una vaca. ¡Seguro que tú sabes muchísimas más!

111

¿Los animales pueden hablar?

Los animales no pueden hablar como nosotros usando palabras. Pero sí que tienen otras formas de comunicación, como el pis que dejan los perros para marcar su territorio, los aullidos de los monos para llamar a los demás, los colores de las mariposas para atraer a sus parejas o el canto de los delfines, que pueden incluso entenderse con sus entrenadores humanos.

Los animales hablan idiomas

¿Sabías que las onomatopeyas de los sonidos de los animales no son iguales en todos los idiomas? Mira estos ejemplos:

	español	inglés	francés	alemán	japonés
gato	miau	meow	miaou	miau	nyaa
perro	guau	woof / arf	ouaf	waw / wow	wan
pato	cuac	quack	coin	quak	gaagaa
vaca	muu	moo	meuh	muh	moo
gallo	quiquiriquí	cock-a-doodle-doo	coco rico	kikeriki	kokekokkoo
oveja	be	baa	bê	mäh	mee
rana	croac	croak / ribbit	coa	quaak	gero

Disfruta con la fruta

113

Árboles frutales

Las manzanas crecen en los manzanos, los melocotones, en los melocotoneros y las peras, en los perales. Pero ¿has visto alguna vez un melonero o un sandiero? ¿Verdad que no? ¡Eso es porque no existen! Los melones y las sandías crecen en matas cerca del suelo. Las ramas de los árboles no aguantarían el peso de estas frutas tan grandes...

114

¿Qué son las vitaminas?

Las vitaminas son nutrientes que el cuerpo necesita para funcionar y que se encuentran en los alimentos naturales. Por ejemplo, la vitamina D de la leche hace que tus huesos crezcan fuertes; la vitamina A de la zanahoria ayuda a que puedas ver mejor en la oscuridad; la vitamina C de las naranjas y los limones hace que las heridas y rasguños se curen más deprisa, y la vitamina B de las lechugas y las acelgas te da mucha energía. ¿Verdad que ahora te gustan más las vitaminas?

Receta de mermelada casera

La mermelada es una buena forma de que la fruta no se eche a perder. Además, ¡está deliciosa! Lo mejor es usar fruta de temporada, que tiene más vitaminas y está más sabrosa.

1. Pela y trocea la fruta y mézclala bien con el azúcar y el zumo del limón. Si lo haces el día antes y lo dejas en la nevera, te quedará una mermelada superdulce.

2. Pon la mezcla en un cazo y que un adulto la hierva a fuego medio durante diez minutos. Hay que removerla todo el rato con una cuchara de madera.

3. Para saber si ya está hecha la mermelada, coge un poco en una cucharilla y déjala dos minutos en la nevera. Si cuando esté fría se pega y arruga, ¡la mermelada está lista!

4. Si prefieres la mermelada sin tropezones, pide a un adulto que la triture con la batidora.

5. Pon la mermelada en tarros de cristal. Aguantará un mes en la nevera. Y si decoras los tarros con pegatinas, tendrás un regalo estupendo para tus amigos o para los abuelos.

1 kilo de fruta madura de temporada
750 g de azúcar
1 limón

¡¡¡BUUU!!!

cómo hacer un monstruo comemiedos

1. Con las tijeras haz un agujero en medio de la caja de cartón. Esto será la boca del monstruo.

2. Pinta la caja del color que más te guste.

3. Pega trozos de lana como si fueran los pelos.

4. Con los trozos de cartulina, haz los ojos y los dientes, y pégalos en la caja.

5. ¡Ya lo tienes! Ahora debes dibujar o escribir en un papelito las cosas que te dan miedo y meterlo en la boca del monstruo para que se lo coma. En una semana, saca el papelito y rómpelo en mil pedazos, ¡verás como los miedos desaparecen!

una caja de cartón
trozos de cartulinas
pinturas de colores
lana
pegamento
tijeras

Hipopomonstrosesquipedalifobia

Esta palabreja tan difícil de pronunciar quiere decir «miedo a las palabras largas». Por suerte, hay un diminutivo por si tantas letras se te atragantan: sesquipedalifobia. ¿A ti te da miedo alguna palabra?

¿Qué es la piel de gallina?

118

Es una sensación de frío en el cuerpo que hace que se te pongan todos los pelillos del cuerpo de punta. Te puede dar por culpa de un aire helado o si algo te asusta de repente.

Alekterofobia es miedo a los pollitos

119

¿Es verdad que con un susto desaparece el hipo?

¡Claro! Aunque ha muerto más gente por culpa de los sustos que por culpa del hipo...

Hace millones de años

120 ¿Los dinosaurios comían personas?

Los dinosaurios no podían comer personas porque los seres humanos no aparecimos en la Tierra hasta mucho después de la extinción de los dinosaurios. ¡Así que no te creas las películas en las que los tiranosaurios se zampan a los protagonistas!

121 ¿Cuándo vivieron los dinosaurios?

Los dinosaurios vivieron desde hace unos doscientos treinta millones de años hasta hace unos 66 millones de años. ¿No te parece increíble que todavía se encuentren huesos de estos animales después de tanto tiempo?

122

Chiste jurásico

—¿Qué dinosaurio puede saltar más alto que una casa?

—Ninguno, las casas no pueden saltar.

123

¿Por qué desaparecieron los dinosaurios?

Los científicos creen que los dinosaurios desaparecieron porque un gran asteroide cayó en la Tierra. Fue tan grande que hubo muchas erupciones volcánicas, tsunamis y terremotos. Además, levantó una enorme polvareda que no dejaba que la luz del sol entrara en la Tierra, lo que provocó la muerte de las plantas de las que se alimentaban muchos animales.

¿Qué quieres ser de mayor?

124

Oficios que no te vas a creer

Recogedor de pelotas de golf submarinista

Se dedica a buscar las pelotas que caen en las lagunas o lagos de los campos de golf. ¡Si todos los jugadores tuvieran puntería, se quedarían sin trabajo!

Probador de camas

Se dedica a dormir en camas que no son la suya y a decir si el colchón es demasiado duro o demasiado blando. ¡Un trabajo muy relajante!

Aprobador de cuentos

Se dedica a leer cuentos y a decidir si pueden venderse en las librerías o hay que cambiar cosas antes. Por ejemplo, quitar dibujos, cambiar los colores de una página o poner un título diferente. Parece divertido, ¿verdad?

¿Qué es una idea de bombero?

Es una idea un poco estrambótica. Viene de que los bomberos a veces tienen que usar mucha la imaginación y hacer cosas un poco locas en su trabajo.

125

126

¿Qué es un ordenador?

Una máquina para navegar por internet, jugar a marcianitos, leer las noticias...

¿Qué quiere decir...?

127

En casa del herrero, cuchara de palo

Quiere decir que alguien hace una cosa muy bien para todo el mundo menos para él mismo. Por ejemplo, un barrendero que deja las calles muy limpias pero tiene la casa siempre sucia, o una cocinera que hace comida saludable para los niños de la escuela pero ella solo come chuches.

EL ritmo perfecto

128

¿Los príncipes azules tienen la sangre azul?

En realidad no, pero antiguamente se pensaba que sí. Como no tenían que trabajar en el campo, los príncipes nunca se ponían colorados ni les daba el sol, y por eso la gente pensaba que tenían la sangre azul.

129

¿Por qué late el corazón?

Para que la sangre llegue a todo el cuerpo. El corazón funciona como una bomba: con cada explosión, la sangre sale disparada por las venas y las arterias y llega a todos los rincones de nuestro cuerpo. ¿Para qué? Pues para repartir el oxígeno y los nutrientes que necesitamos para vivir. Los latidos son el sonido que hace el corazón al bombear la sangre.

130 ¿Qué es la fiebre?

Una subida de la temperatura del cuerpo. Los humanos solemos estar a unos treinta y siete grados, ¡pero con la fiebre podemos ponernos a más de treinta y nueve! Y nos dan trembleques, sudores y malestar. Pero la fiebre en realidad es una defensa de nuestro cuerpo porque los gérmenes que nos ponen enfermos no pueden vivir con el calor de la fiebre y se mueren.

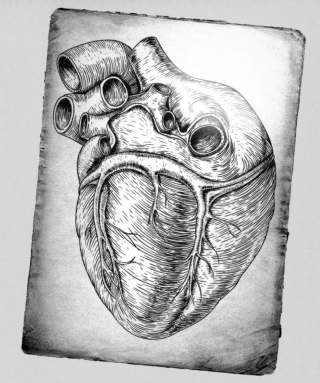

La cardiología es la ciencia que estudia el corazón humano

131 ¿Qué son los animales de sangre fría?

Son animales cuyo cuerpo no puede controlar automáticamente la temperatura y tienen que hacerlo echándose al sol (como los lagartos), escondiéndose bajo la arena del desierto para escapar del sol (como las serpientes), nadando hacia aguas más frías o calientes (como los peces) o moviéndose para entrar en calor (como los insectos).

se te caerán los dientes

132

LOS antiguos griegos mascaban chicle

En realidad lo que mascaban era la almáciga, la resina de un arbusto llamado lentisco. Y no fueron los únicos... Los aztecas, los antiguos habitantes de México, mascaban la resina de un árbol llamado chiclero... ¡y también la usaban como pegamento!

133

¿De dónde viene el chocolate?

Del árbol del cacao o cacaotero. El cacao se saca de las semillas y se mezcla con azúcar para hacer chocolate. Hoy en día hay cacaoteros en muchas partes del mundo, pero antiguamente solo crecían en América. Por suerte, los exploradores que llegaron al continente americano hace quinientos años probaron el chocolate y lo llevaron hasta Europa.

Gominolas caseras

1. Pon las láminas de gelatina en agua fría para que se ablanden.

2. Pide a un adulto que ponga el zumo y el azúcar en un cazo y lo caliente 5 minutos a fuego medio.

3. Mezcla bien todos los ingredientes con una cuchara.

4. Vierte la mezcla en unas cubiteras bonitas y déjala reposar dos horas en la nevera. Si no tienes cubiteras, ponla en un molde y cuando esté fría la cortas en la forma que más te guste.

5. Por último, si te gustan las gominolas azucaradas, puedes rebozarlas en azúcar cuando las desmoldes.

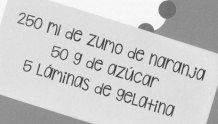

250 ml de zumo de naranja
50 g de azúcar
5 Láminas de gelatina

HUeSitOS

El cuerpo humano
tiene 206 huesos.
¡Ponlos a bailar!

¿Qué quiere decir...?

MOVER EL ESQUELETO

135

Bailar. Aunque bailando se mueven el es-
queleto, los músculos y todos los órganos
del cuerpo humano. ¡Y es muy saludable!
¡¡¡Y divertido!!!

El hueso de la risa en realidad es un nervio que pasa cerca del codo. Si te golpeas ahí, ¡notarás cosquillas en todo el brazo!

136

¿CUÁL ES EL HUESO MÁS PEQUEÑO DEL CUERPO HUMANO?

El estribo, un huesecillo del oído que mide menos de medio centímetro. Tiene una forma parecida a la de los estribos de montar a caballo, la pieza donde los jinetes ponen los pies.

137

¿POR QUÉ NO HAY QUE TOCAR LA CABEZA A LOS BEBÉS?

Porque los huesos no están pegados del todo y hay que tener mucho cuidado para no moverlos de sitio. Cuando los bebés se hagan mayores, los huesecillos de la cabeza se irán pegando hasta que no quede hueco.

para no sonar desafinado

¿Cuántos instrumentos tiene una orquesta?

Según la música que estén tocando, el número de instrumentos de una orquesta puede variar. Pero, por lo general, una orquesta tiene unos treinta instrumentos diferentes para unos setenta o cien músicos.

Instrumentos de cuerda: llevan cuerdas, como los violines, los violonchelos o las arpas.

Instrumentos de viento-metal: hay que soplar y, además, son de metal, como las trompetas, los trombones o las tubas.

Instrumentos de viento-madera: hay que soplar para que suenen y son de madera, como las flautas o los clarinetes.

Instrumentos de percusión: hay que golpearlos, como los timbales, el xilófono o los platillos.

140

¿Quiénes son el rey y el jefe?

Son rockeros. El rock es un tipo de música que se inventó en Estados Unidos y que hoy es muy popular en todo el mundo. Los rockeros más famosos de la historia son Elvis Presley, al que llamaban The King («el rey») y Bruce Springsteen, al que llaman The Boss («el jefe»).

cosas difíciles de los mayores

¿qué es una hipoteca?

Es el dinero que te deja el banco para que compres tu casa. Después tienes que pagar un tanto cada mes para ir devolviéndoselo poco a poco.

¿qué es un voto en blanco?

Es un voto que no elige a nadie. Por ejemplo, si en tu clase hay que escoger delegado y se presentan Juan y Ana, tú puedes votar a uno de los dos. Es decir, eliges a quien te gusta, y quien tenga más votos será el delegado. Un voto en blanco significa que no escoges a ninguno.

143

¿DE DÓNDE SALEN LOS bEbÉS?

Los bebés salen de la barriga de su madre. Así que no te creas que aparecen debajo de una col ni que vienen de París. Bueno, los bebés que son de París sí vienen de París...

144

¿DE DÓNDE VIENE EL dinero?

De las fábricas que cada país tiene para hacer billetes y monedas. En España, hay una fábrica en Madrid y otra en Burgos. Pero el dinero que tienes en tu hucha puede venir de Italia, de Holanda o de cualquier otro país de Europa que fabrique euros.

para Los días de LLuvia

cómo hacer un puzle

1 Ponte a hacer el puzle sobre un espacio que no vayas a necesitar en un tiempo. Es decir, no lo hagas en la mesa de la cocina, porque tendrás que quitarlo para cenar. Un tablero de madera o tu escritorio están bien.

2 Busca primero las cuatro esquinas y las piezas de los lados.

3 Separa el resto de piezas por colores. Si tienes cajitas, te vendrá bien poner cada color en una.

4 Empieza montando el marco, es decir, los lados del puzle.

5 ¡Ahora tendría que ser mucho más fácil rellenar el dibujo!

¿Qué es la siembra de nubes?

Es un sistema para hacer llover que se usa en todo el mundo. ¡Como una danza de la lluvia supermoderna!

Desde aviones o tirando petardos, se echan sobre las nubes unas sustancias especiales que hacen que llueva. Pero normalmente no se hace para tener agua en los campos, sino para evitar que las nubes se conviertan en niebla o granizo. Por ejemplo, los aeropuertos tienen que cerrar si hay mucha niebla, y las cosechas se echan a perder si graniza fuerte. En cambio, un poco de lluvia no hace daño. Aunque no es un sistema muy ecológico, ¿verdad?

¿Qué es el arcoíris?

Es un efecto visual que aparece cuando los rayos de sol atraviesan las gotas de lluvia. Los antiguos griegos pensaban que el arcoíris era una diosa mensajera entre el cielo y la tierra.

ÁRBOLES Y ARBOLITOS

¿Qué quiere decir...?

Irse por las ramas

148

Enrollarse con lo que se dice en lugar de ir directo al tema.

¿Qué es un bonsái?

149

Son árboles que se cuidan de una forma especial para que se queden muy pequeños. Tanto que caben en una bandejita como si fueran en miniatura. En Japón es una afición muy popular.

¿Qué es un árbol genealógico?

Es una forma de representar tu familia como si fuera un árbol.
¡Intenta hacer el tuyo!

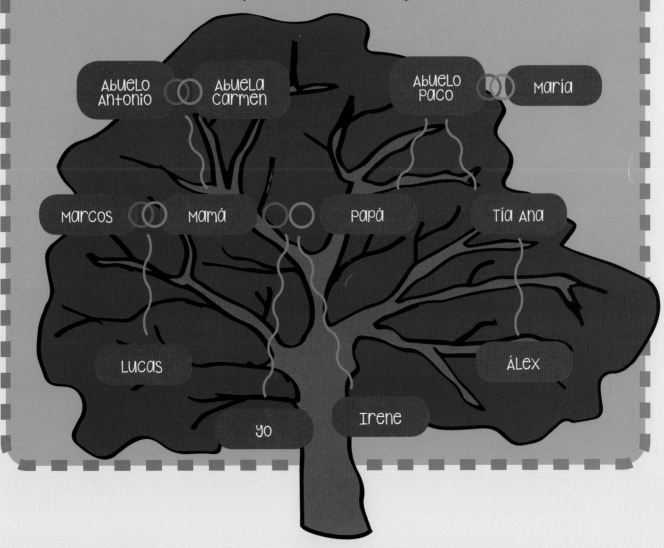

Índice